Krumme Verse aus Ellerbek

Liebe Leser und Betrachter

In dieser Textsammlung könnt ihr etwas
über Eindrücke und Gedanken finden,
wie sie beim Radeln, Spazieren, Beobachten
der Natur und unserer dörflich-städtischen Umgebung
Jedem wohl mal in den Sinn kommen.
Versucht, euch darauf einzulassen oder
auch Manches fortzuspinnen.

Die Impressionen stammen aus meiner Heimat,
Ellerbek, am Stadtrand von Hamburg und der Umgebung,
die sich mir mit dem Rad erschließt.

Die Gemeinde hat in ihrem Wappen,
wie es schon im Namen anklingt,
die Erle als Symbol.
Im Jahr 2014 ist das Dorf
550 Jahre alt geworden.

Ein kleines Buch zu deiner Freude?
Auch wenn ich deine Zeit vergeude,
nimm das Risiko in kauf.
Schlag es doch einfach erst mal auf !

Volker Kayser

Bibliografische Information der Deutschen Nationalbibliothek: Die Deutsche Nationalbibliothek verzeichnet diese Publikation in der Deutschen Nationalbibliografie; detaillierte bibliografische Daten sind im Internet über www.dnb.de abrufbar.

© 2017 Dr. Volker Kayser
Herstellung und Verlag: BoD – Books on Demand, Norderstedt
ISBN : 9783743180642

Meiner lieben Ingrid
widme ich diese Verse.

Radfahren, Träumen und alle anderen, notwendigen Dinge
brauchen ihre Zeit.
Danke für dein Verständnis und deine Geduld.

Der Erlkönig

Unser Dorf, ganz offenbar,
ist Erlkönigs Heimat, wurd mir klar,
als ich in neblig Tagesfrüh,
durch mancher Pfütze erdig Brüh,
radelte - der Speck muss weg -
von Neu- nach Alt – durch Ellerbek.
Die Erlen winkten trüb umhangen,
vom Flor war auch der Blick umfangen.
Schaurig durchwabert vom Krähen-Konzert:
kehr schnell zurück zum heimischen Herd!
Kurzum: im Innersten konnt ich nun lesen,
dass Goethe selbst schon hier gewesen.

Feldmarkchaos

Am Almsweg, du glaubst es nicht,
sprang mir ein Reh vor`s Rad.
Zum Glück war ich da nicht so schnell,
sonst wär`s gewesen platt.
Sprachlos war es allemal,
sehr schmal und tief erschrocken,
so macht es sich mit Sprüngen schnell
auf die gespreizten Socken.
Ich sah es dann ganz irritiert,
fluchend stehen in der Ferne:
so`n Chaos in der Feldmark hier
hab ich nicht so gerne!

Bankenkrise?

Mit Sicht zum Biotop steht sie am Wegesrand,
überblickt mit Ruhe Wasser und Uferland.
Bevor du nun ausstreckst deine Glieder
und setzt voll Vertrauen dich hier nieder,
bedenk der Bank Gediegenheiten,
welche soll'n den Sitz begleiten.
Tat man der Sicherheit genüge,
dass dich dein Auge auch nicht trüge,
in Fragen soliden Fundamentes,
wie man von manchen Fällen kennt es,
dass es wacklig, schief, fragil,
weil gute Arbeit zählt nicht viel?
Wurd sie auch nachhaltig gemacht,
nicht des Gewinns fast nur gedacht?
Kannst auch vertrauen ihr genug,
nicht zu „be-sitzen" nur mehr Trug?
Schätzt du die Lage dieser Bank?
Macht dich die Aussicht auch nicht krank?
Wie ist die Sauberkeit, gib acht,
dass sie's Hemd nicht schmutzig macht.
Ist sie ein unbeschrieb'nes Blatt
oder hat sie der Gravuren satt,
die zeugen von Beziehungsleid
von vergangener Herzlichkeit?
Ach Wanderer durch Ellerbek,
verfolgst du dereinst diesen Weg,
vergiss den Text, den du gelesen,
denn, bist du einmal hier gewesen,
kennst du des Dorfes Qualität:
Vertrau der Bank, die dich einlädt.

Ein Zaun in meinem Dorf

Oft begleite ich den Zaun ein Stück des Wegs mit meinem Rad.
Umreißt er doch der Rinder Reich, welches säumt die täglich Fahrt.
Alte Pfähle, frische Pfähle, morsche Pfähle wechseln sich hier ab.
Dazwischen hängt manch rostig Draht oft über`m Grund nur knapp.
Teils biegt der Draht den Zaun, teils spannt der Zaun ihn hart.
Er fliegt, Fragen in mir weckend, vorbei auf meiner Fahrt.
Wieso fällt mir bei seinem Anblick - so roll ich sinnend weiter - ,
unser Gesellschaftsleben ein, mir als Stahlrossreiter?
Der Zaun erzählt mit manch Aspekt von jung, von alt und innerem Gefüge,
was sich bedingt, was sich stützt und trägt soziale Züge.
Mag er im Detail schwach erscheinen, mit maroden Teilen,
wird er als Ganzes stark doch sein, zwingt Kühe zum Verweilen;
bringt ihnen Sicherheit und Ruh, die Weide zu genießen.
Sie sehn ihn nicht als Fremdes an. Er kann sie nicht verdrießen.
Menschen sehen Grenzen ganz, wie es jeweils passt.
So Mancher wird die lieben, die Anderer sehr hasst.
Da sind wir aber wirklich froh, dass Küh nicht diskutieren,
sie würden glatt und ohne Reu den Bauern oft brüskieren.

Der Bach

Dicht von Büschen reich gesäumt
fließt der Bach mit stetem Drang.
Die Landschaft wirkt hier recht verträumt.
Ein kleiner Weg führt still entlang.
Der Brückensteg mit alten Bohlen
scheint heimlich bei mir anzufragen:
komm bloß zu mir mit leichten Sohlen,
bist auch sicher, willst es wagen?
Ich schau in das schlingernd seichte Fließen,
Wasser, wirbelnd und ganz klar,
kann den Anblick recht genießen,
erinnert mich an Kindheit gar.
Golden scheint das Bachbett, strahlend,
wo der Sonnenschein durchdringt,
dunkel, bräunlich Farbe malend,
wo es der Sonne nicht gelingt.
Erinnerung ist nicht nur Bild,
ist auch gefühltes Leben.
Ich spür des Wassers Kühle mild -
Gedächtnis meinen Füßen geben.
Stichlinge und Vieles mehr
verzierten mir der Kindheit Sicht.
Liebte die Idylle sehr,
missen möcht ich`s wahrlich nicht.
Setz ich nun fort den Weg, geh weiter,
ziehen Gedanken langsam nach;
etwas wehmütig, doch heiter,
bin ich Kind an diesem Tag !

Maikäfer

Just im Mai passierte es, radelnd, ganz beschwingt,
den Gooshornweg entlang, von frischem Grün umringt.
Plötzlich gab es einen Knall an Fahrradhelmes Front,
und - trotz des Crashs - entfleuchte ein Maikäfer gekonnt.
Es ist schon gut gepanzert, das Krabbeltier aus Kindertagen,
denn mit Letzterem verbind ich manch Käferplagen.
Es gibt verschiedene Sorten, die gerne wir getauscht,
beim Knabbern frischer Blättchen haben wir sie belauscht.
Ich denk an Max und Moritz, sing: Maikäfer flieg,
und bin auch schon rein textlich bei Pommerland und Krieg.
Ach, kleiner Käfer nutze sie, Deine kurzen Tage,
bist mir willkommen heute hier, bei weitem keine Plage.

Weidenbaumfrisör

Die Weiden waren beim Frisör, und der war recht brutal.
Doch dieser Schnitt – wie ich so hör – ist für Weiden ganz normal.
Sie schaun mich scheinbar grinsend an, als ich vorbeifahrend lach.
Erinnern mich, dass ich bald dran, zu renovieren mein Dach.

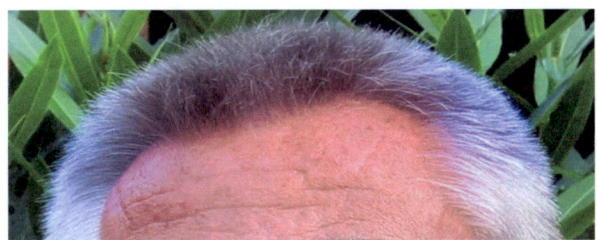

Fasanrot

Fasanrot heißt ein Geschirr.
Es ist recht hübsch gestaltet.
Damit`s nicht endet in Geklirr,
wird`s fürsorglich verwaltet.
Ich seh <u>ihn</u> in der Feldmark wieder,
den Fasan am Wiesenrain.
<u>Sie</u> wirkt daneben eher bieder,
will Geschirrsymbol nicht sein !

Denk – Mal im Dorf

Oft passier ich jenes „Mal", ohne es zu sehen,
ja ohne – ich geb`s zu - den Kopf danach zu drehen,
ohne Blick für seine gute Pflege,
ohne dass sich etwas in mir rege.
Doch heut nun stehe ich da stille
und putz die Gläser meiner Brille.
Versteinert steht es mahnend da:
nehm es fast bedrohlich wahr.
Die Inschrift lässt mich plötzlich denken,
lässt mich ganz kurz in mich versenken.
Ich seh die Gräben voll Soldaten,
seh den Einschlag von Granaten,
ich hör das Heulen, Detonieren,
hör alter Säbel Räsonieren,
hör das Wimmern und das Schreien,
hör manch Sterbenden verzeihen,
hör aus dem Lautsprecher zuhause,
ich nenn ihn mal Minister Krause,
wie uns wichtig ist der Sieg,
wie moralisch doch der Krieg,
und dass er nicht mehr lang wird währen
― schon der Gefallenen zu Ehren.
Ein Hupton von der Straße klingend,
mich abrupt ins Hier verbringend,
vernichtet zwar den kurzen Traum,
doch Trost gelingt mir damit kaum:
nicht nur um früher geht es hier,
es geht darum, was machen wir
überall auf dieser Welt
mit Worten, Macht und auch viel Geld.
Lernen wir aus dem, was war
oder sind der Einsicht bar?
Der Hund von gegenüber bellt.
So kommt`s, wenn man am Denk- mal hält.

Der Marienkäfer

Er hatte sich verliebt - in eine gelbe Blume.
Nicht etwa unterlag er hier einem Irrtume.
Zwar schwarz gepunktet und sonst rot,
war er jedoch kein Idiot.

Solch Liebe soll es manchmal geben,
mit Macht nach Farbwechsel zu streben.
In deutschen Landen, sieh Dich um,
sind gerade mal vier Jahre rum,
ertönt des Farbenspiels Fanal,
denn nun ist wieder mal die Wahl.

Ein Käfer allgemein ist nicht auf Gelb fixiert.
Auf Grün er reagiert auch selten sehr pikiert.
Selbst Schwarz und Rot soll möglich sein.
Nicht festgelegt ist er – zumeist – im Vorhinein.

Er wählt mit viel Geschmack die Substanz des Zieles.
Kluger Käfer – er erspart sich Vieles.

Tiefflieger

Die Amsel sitzt gern auf erhöhtem Posten,
auf Dachspitze und hohen Pfosten.
Sie singt ein Lied beschwingt am Abend,
- als Dank für den Tag - schätz ich hochtrabend.
Doch es gibt eine Zeit, man staunt, wenn man´s sieht,
in der die Amsel fast immer tief fliegt.
Sie kreuzt die Autos direkt vor den Reifen,
als könnt sie das Risiko gar nicht begreifen.
Und Radau macht sie auch noch, wie kann das sein,
da fällt als Vergleich nur der Mensch mir ein!
Ist er verliebt bis über die Ohren,
ist sein Verhalten gleich einem Toren.
So wird' s auch sein im Amsel - Leben:
mit Macht gilt nur noch dem Einen sein Streben.
Arterhaltung, ja die lieben wir so,
jedenfalls mehr als die STVO!

Dorfsport

Sport verbindet als starkes Band
das Dorf – wie Glückes Unterpfand.
Die Jugend ist da stark vertreten,
Eltern wünschen sich Athleten.
Wirst du älter und bleibst da,
bist du im Verein – na klar!
Zugezogene tun gut daran,
zu ziehn sich auch das Trikot an.
Beim Handball wir dann mächtig brüllen,
Ansporn soll die Halle füllen.
Alte Herren, rüst`ge Damen, sportlich allesamt,
untereinander feiernd ohnehin bekannt,
dehnen abends ihre Glieder auf Matte und Belag,
je nach dem, wer mit wem und auch nach Wochentag.

Die Herde

Die Sonne bescheint milde der Weide Geviert.
Während das Gras noch der Morgentau ziert,
verteilen sich Kühe scheinbar chaotisch,
zicken zuweilen wie wenn neurotisch,
schubbern sich sanft, fast liebevoll,
einige Kälber springen wie toll,
andere nehmen hastig `nen Schluck,
alle haben hier Einheitsloock,
schwarz und bunt, grau-grünlich bekleckert,
- kein Modetrend darüber meckert - ,
mal verdauend, auch mal saufend,
nun just in eine Richtung laufend.
Ist das nicht ein Phänomen,
wie sie so hintereinander gehn.

Auch der Mensch kennt Herdentrieb,
bei Mode etwa und Kultur.
Allen ist auf einmal lieb
vom Designer eine Uhr.
Man hört <u>das</u> Lied.
<u>Das</u> trägt die Frau.
Wohin man sieht,
ist Farbe blau.
Der „Bio-Logik" gehorcht unser Wesen,
weshalb sammeln sich wohl Männer am Tresen ?!

Der Hase im Nebel

Weißer Nebel macht den Tag blasser.
Die Luft enthält wohl zu viel Wasser.
Das entschärft Umrisse sehr.
Erkenntnis gewinnst du somit nur schwer.
So eräug ich am Wegrand einen Hasen - von ferne,
und ich wünscht, ihn zu sehen von Nahem zu gerne.
Ich weiß, er ist scheu und kennt Hasenpanier.
Mein Rad rollt vorsichtig näher zum Tier.
Aber Skepsis erobert erst spät meinen Blick:
des Nebels Vorhang ist nicht mehr so dick.
Der Hase verharrt weiter in seiner Sasse,
enttäuscht, dass ich ihn links liegen lasse.
Ein knorrig Ast, noch Blätter dran,
verführte mich zu jenem Wahn.
Ich war mir doch sicher - freudig gespannt,
dass mit jenem Gebilde einen Hasen ich fand.
Die neblige Sicht, welch Widerspruch,
machte mich sicher, doch nicht genug.
Ich erlag meiner Lust auf einen Hasen,
der Möglichkeit gegeben durch Wrasen.
So ist es wohl oft in unserem Leben,
Sicherheit wächst mit unserem Streben,
Täuschung, Bedenken beachten wir nicht,
hat Wunsch und Vermutung zu viel Gewicht.

Ein „Traktor" in der Baumschule

Er tuckert und tuckert in einem fort.
Du siehst ihn nicht dicht hinterm Knick.
Fast getarnt wirkt er vor Ort.
Sein Treiben entzieht sich deinem Blick.
Was tut er nur fortgesetzt dort im Stehen,
eine Vielzahl winziger „Bäume" säumend?
Sollt er nicht besser die Runden drehen,
statt Motor getrieben zu träumen?
Er arbeitet stetig in jener „Schule",
pumpt Wasser in das grüne Rund,
nicht etwa für `ne Wildschweinsuhle,
der Pflanzen Gesundheit ist der Grund.
Doch schaust du um des Knickes Rand,
bekommst du es nun vollends mit:
was dein Gefühl als Traktor fand,
ist bestenfalls noch sein Verschnitt!

Die Häutung der Libelle

Ich sah der Libelle zu beim Häuten.
Sie tat es auf unserm Fenstersimse.
Ich war froh, sie zu erbeuten,
so fotografisch mit `ner Linse.

Wie wäre es, wenn auch wir
könnten streifen ab die Hülle,
dann, so sag voraus ich dir,
Hüllen fänden wir in Fülle!

Fühlst du dich wohl in deiner Haut,
willst du dich nicht häuten,
doch wenn es in dir dräut und braut,
gehörst du zu den Leuten,
die aus bezwängend Haut gern fahren,
die sie so furchtbar juckt und engte.
Bist du dann frei von Haut und Haaren,
bezweifelst oft das, was dich da lenkte!

Die Libelle hat das Ziel, sich richtig zu entfalten.
Ihr schwirrend Flug erfordert viel,
der Blick kann Schritt nicht halten.
Willst du frei entfaltet leben,
Enge in dir überwinden,
solltest du zunächst mal streben,
zu akzeptieren dich: dich finden !
Das gibt Gedanken Ruh und Ziel,
die Haut wird dir flexibel.
Erreichen kannst du so sehr viel,
bleibst kritisch und sensibel.

Ein Herz liegt zu Füßen

Fast täglich überroll ich ein Herz.
Das ist bestimmt kein schlechter Scherz !
Noch hat`s zu tun mit Anatomie.
Ich erkläre euch nun das Was und Wie:
Das Herz ist gemalt auf des Weges Asphalt
und ist schon weit über zwölf Monate alt.
Es ist leicht verblichen und schlägt so dahin.
Ich erinnere, dass vormals Feuer war drin.
Ein Verliebter, ein Künstler, ein Schmachtender gar,
so voll Inbrunst „ihr" wohl verfallen war,
dass er ihr schenkte ganz schlicht sein Herz.
Ich mein, es war so um den März.
Jeder konnte es nun sehen,
dass es war um ihn geschehen.
Was wurd aus dieser Liebe dann?
Mir regt`s Gedanken täglich an.
Ob sie ein Paar – innig verbunden,
oder verdrängten liebende Stunden?
Ob er noch immer ersehnt sich dies Wesen
oder erwägt: bin ich denn blöd gewesen?
Dies erbleichende Herz sorgt somit dafür,
dass sich immerzu öffnet in mir neue Tür -
der Phantasie und Vorstellungskraft -
ein bisschen wirkt das wie Lebenssaft !
So bringt uns Vieles häufig zum Klingen.
Wir müssen gar nicht darum ringen.
Es kommt darauf an, es zuzulassen,
um dann - beherzt - auch zuzufassen,
zu spüren, was sich in uns regt,
was unsere Seele so bewegt.

Die Zaubernuss

Sehr früh und voll Farbe blüht uns die Zaubernuss,
trotz Schnee und Kälte ist sie willkommener Gruß
des nahenden Frühlings schwellender Kraft,
die auch bei uns Menschen Aufbruch schafft.
Doch noch kommen Tage, garstig und kühl,
die eher vermitteln das Gefühl,
der Winter lässt so schnell nicht los.
Da wäre es doch ganz famos,
in den Süden zu verreisen,
die Seele kurz mal zu enteisen.
Wie wäre es mit Celle?
Südlich liegt`s auf alle Fälle.

Das Handy

Im Knick so zwischen Gras und Laub sah ich ein Handy liegen.
Wer schmeißt denn schon sein Handy weg? Das finde ich gediegen.
War die letzte SMS denn schlicht zum Krämpfe kriegen?
Worte, auch wenn digital, können so schwer wiegen!
Vielleicht war das Modell zu alt und sein Umgang peinlich.
Mit keiner App auf dem Display wirkt es eher kleinlich.
Wer so ein altes Teil noch hat, nutzt es nur noch heimlich.
Geläutert von der Technik Stand entsorgt man`s besser reinlich.
Oder war Erreichbarkeit dem Menschen schlicht zu viel?
Mal keinen Chef zu hören, kann auch ja sein ein Ziel.
„Hallo Schatz, weißt Du schon, ich reise an den Nil!"
Holt es ihn vom Rad herunter, bevor es ihm entfiel.
Sollt es sein, dass, in der Landschaft grüner Flur,
der Handyhalter sich besann auf Medial-Kultur?
dem Handy sagt adieu er, schaut kurz auf seine Uhr,
ab jetzt mach ich es nur noch auf handylose Tour!
Soll ich dies Handy bergen, wo viel Geschichte dran?
Soll ich sein Geheimnis zerren an das Licht heran?
Soll ich`s dem Hasen lassen für Ostern irgendwann?
Soll er`s dem Kinde schenken, welch es gebrauchen kann?
Nein, die Flur muss bleiben sauber, ist kein Handyklo!
Ich bringe es mit spitzen Fingern in das Fundbüro.
Dort liegt es stumm bis tönend im Lager irgendwo,
bis dass sein Akku aufgibt, das Leben ist halt so!

Rinder

Die Rinder liegen im Schatten,
wiederkäuend – die Satten.
Sie kauen - beäugen mich sinnend.
Manche, mein ich, lächeln gewinnend..
Nichts ist zu hören vom typisch Gemuhe,
einladend wirkt ihre stoische Ruhe.
Das ist natürlich einfach Quatsch:
wer möchte schon liegen so im Matsch.
Doch wenn du als Rind geboren bist,
solch Gelüst nur ganz natürlich ist.
Kein Bauer nimmt es jenen krumm
oder findet das Verhalten dumm.
Zufrieden satte, starke Rinder
sind des Bauern liebste Kinder.
Sie liegen im Schatten, ich radel vorbei,
denk, dass „Einkehr" auch für mich was sei

Spätaufsteher?

Bist du mit dem Rad zuwege,
so morgens bis um neun,
wenn die Autos flitzen rege,
kann es dich schon reuen.
Du merkst es auf die Schnelle,
wer heute hat verpennt,
und rückt dir auf die Pelle,
ja, im Fluch dich nennt.
Du liest es an den Lippen
und siehst es am Gesicht:
werd in den Knick dich kippen!
Siehst meine Zeitnot nicht?
Am schlimmsten sind oft Mütter
in großen SUVs.
Mir, dem das Haar schon schütter,
just fällt fast welches aus.
Mit Kindern, die zur Schule
gebracht im Schleudergang,
Stein spritzt aus der Kuhle,
saust sie am Wegrand lang.
Der Wagen ist schon nötig
für`s morgendlich Turnier.
Mach Weg frei ehrerbötig,
bevor ich ende hier.

Winterbeginn

Leichter Wind streicht durch`s Geäst,
Rest - Blätter rascheln leis.
Schneeflocken feiern heut ein Fest,
die Wege sind ganz weiß .
Des Winters Vorhut uns erreicht
mit ungewohnter Pracht,
mir fällt es trotzdem noch recht leicht,
das Radeln mit : Hab acht!
Die Autofahrer haben es schwerer
im morgendlichen Stau.
Meine Wege sind nun leerer,
genieße, wenn der Tag auch grau.
Doch reißt sie auf, die Wolkendecke,
und Sonne strahlt herab,
dann leuchtet es an jeder Ecke:
ich komme nun schon mehr in Trab.
Bewundere verträumte Stille,
schöne Bilder halb verdeckt.
Erfreue mich an der Idylle,
die in mir Erinnerung weckt.

Mai - Regen bringt Segen

Bauernregeln sind sehr weise,
zeugen doch behutsam leise
von Wiederkehr und viel Erfahrung
hinsichtlich Feldertrag und Nahrung.
Wenn der Hahn kräht auf dem Mist,
wie dann bald das Wetter ist.
Auch für den Guss im Mai
ist sie lobend gern dabei.
Ich, als Radler seh die Seen,
die auf manchen Wegen stehen
und freu mich über jedes Bild,
was der Pfütze Spiegel füllt.
Der Himmel ist es, Baum und Strauch,
gelegentlich ich selber auch.
Das Rad bringt furchend Wellenmuster,
dabei wird mir schnell bewusster,
dass diese Pfützen kein Verdruss.
Ja, ich komm sogar zum Schluss,
dass im Mai der viele Regen
nicht nur bringt dem Bauern Segen.
Natürlich gilt das - völlig klar -
für jeden Monat hier im Jahr.

Die Katze kreuzt – oh je!

Die Katze, die die Straße quert,
nicht von jedem wird verehrt.
Mancher kehrt, wenn`s ihm passiert,
bevor die Fassung er verliert,
mit seinem Fahrzeug einfach um.
Er hält sein Tun für klug, nicht dumm,
lobt sich sehr für diese Tat,
dreht er doch am Schicksalsrad.
Er kann das Unheil schlicht vermeiden,
er muss nicht in Erwartung leiden,
dass etwas Widriges geschieht,
Pech für das Pech, was weiterzieht.
Gehöfte, Dörfer, Wegesziele
beherbergen der Katzen viele.
Sie kreuzen gerne deine Strecke,
nicht ahnend, was es in dir wecke.
Würd`st du nun umdrehen mit Prinzip,
dir am End ein Drehwurm blieb.
Kurzum, nimm an den Schicksalslauf,
halt auf den „Kreuzzug" einfach drauf.
Die Katze sollst du schonen , klar,
dein Aberglaube wird sonst wahr!

Müde?

Ich konnte heute Nacht nicht schlafen,
mein Kopf ließ es nicht zu.
Weil es Gedanken gab, die trafen,
genau den Kern der inn`ren Ruh.
Zwar war es nicht das Deutsche Land,
was Heine macht besorgt.
Vielmehr ich irritierend fand
den letzten Fernsehmord.
Wie bin ich nur gesunken
in der Probleme Qualität.
Dabei hat er doch gewunken,
der Abstellknopf an dem Gerät.
Ich roll – noch müden Blickes -,
einer Koppel Knick passierend,
erspäh da etwas Braunes - Dickes,
das Loch im Buschwerk voll verzierend.
Es ist des Pferdes Hinterfront,
erkenn`s als ich schon weiter bin.
Auf drei Beinen steht`s gekonnt
und döst so träumend vor sich hin.

„Morgentoilette"

Müde ist es, so wie ich,
und hat nicht „Ferngesehen".
Es hat – wie üblich – lediglich
sehr viel Gras besehn.
Müd zu sein in der Natur,
das ist nicht weiter schlimm.
Peinlich ist es dann ja nur,
gehst du zur Arbeit hin.
Nun ist es auch schon aufgewacht,
reibt sich die großen Augen.
Was ein Pferd kosmetisch macht,
würd für uns nicht taugen.
Wir waschen, kämmen, pflegen sehr
uns mit teuren Sachen.
Wenn unser Bett die Weide wär,
würden wir das nicht machen.
Wir frönen der Kultur ganz fein,
putzen uns heraus.
Ach, kann das manchmal lästig sein,
wie halten wir das aus !

Mais

Es hat in der Nacht ein wenig geschneit,
nicht untypisch für die Winterzeit.
Ich lenke mit viel Vorsicht mein Rad,
denn die Wege sind heut höllisch glatt.
Das Maisfeld trägt Stoppeln im weißen Gesicht,
sieht blass-fahl aus so im Morgenlicht.
Ich denk an den Wandel im Lauf eines Jahres,
wenn der Mais zeigt sein Können, sein Wahres.
Hoch aufgeschossen, nun mit Früchten versehen,
ich könnt durch ihn wie durch Wald hingehen,
steht das Feld in Kraft und Saft:
diese Vorstellung adhoc mir Freude verschafft.
Aber nun ist doch auch ein Vorteil vorhanden,
denn da, wo Pflanzen die Blicke banden,
ist nun freie Sicht auf die Landschaft dahinter.
Sieh mal, was er doch kann, der Winter.
Genau genommen, war es Bauers Ernte,
die diesen „Sichtschutz" hier entfernte.
Ist er nicht herrlich des Wandels Aspekt,
dass er in mir solch Bilder erweckt !
In nur kurzem Moment, den vorbei ich fahr,
genieße ich Eindrücke von fast einem Jahr !

Die Tränke

Gewiss, einladend sieht es nicht aus,
doch diesen Ort ich liebe.
Die Kühe sind im Stall zuhaus.
Glaub nicht, dass das so bliebe.
Kommt der Frühling erst mit Macht,
mit zarter Luft wie Seide,
sind sie lieber un-bedacht
wieder auf der Weide.

Der Spuren Zeugnis an Tränke und Zaun
belegen sicher – ohne Frage - ,
ich sag es dir ganz im Vertrauen,
das richtige Wort ist „Saufgelage".

So alt die Tränke nun auch scheint,
so herrscht doch stets Treiben.
Hier sind die Durstigen vereint.
Hier mag man gerne bleiben.

Gibt es `ne Kneipe in Dorfes Rund,
gönnst dir da gerne Bier und Korn.
Triffst viele dort mit gleichem Grund,
nur dass wohl keiner trägt ein Horn.

Die Tränke hat die Konzession
auf dieser schönen Weide.
Jede Kuh macht hier Station,
dass durstig sie nicht bleibe.

Du, in deiner Kneipe dort,
hast es so einfach nicht.
Kannst du nicht bezahlen,
bist du ein armer Wicht.

Apfel im Winter

Ein einsamer Apfel hängt noch am Baum.
Er wurde schlicht vergessen.
Hätt er gleich so ausgesehen,
wär er schon gegessen.
Doch späte Reife erhielt ihn
so richtig knackig – frisch.
Nun ist er leuchtend Zierrat,
zu schade für den Tisch.
Brauchst du zum Reifen längere Zeit,
muss dich das nicht grämen.
Freu dich, wirst du später „Star",
hast keinen Grund zum Schämen.

Blattzeit ?

Die Wiese ist schon ein Gedicht,
so saftig und so schön.
Ruhig liegt sie im milden Licht
bei leichtem Wind als Fön.
Die Gräser sich im Luftstrom biegen,
sie wirken fast so wie gemalt.
Ich möcht in diesem Gras gern liegen,
doch dort sich schon ein Anderer aalt.

Nun steht er auf und reckt die Glieder,
ist prächtig rot-braun anzusehen.
Sein Blick ist eher treu, ja bieder.
Hat er im Auge da schon wen?

Jetzt seh ich`s auch, nicht weit daneben,
die Ricke ist die Schönheit pur.
Dafür kann man sich schon erheben.
Ein Bock von Welt ist ja nicht stur!

Kurz äugt er zurück ins Rund,
kein Rivale ist in Sicht,
dann tut er es der Liebsten kund,
dass ihn der Hafer sticht.

Längst hat sie ihn vermessen
mit Rehblick voller Glut.
Ob sie auf ihn versessen?
Ich tu, was man dann tut:

Ich lass die Beiden jetzt allein,
zurück zieh ich mich leis,
und schmunzel fröhlich in mich rein:
war diese Szene heiß!

Licht und Schatten

Die Muster des Weges wandeln sich schnell,
mal viele, mal große, doch immer sehr grell.
Die Sonne strahlt durch`s dichte Geäst,
trifft auf Zweige und auch manchmal ein Nest.
Das Blätterdach zeigt Lücken auf,
sie weisen gleißend Licht den Lauf.
Schatten und Licht sind Künstler, die Beiden,
am Ergebnis unten die Augen sich weiden.
Kein Bild gleicht dem anderen in Zaubergestalt.
Ein Maler würde scheitern an solcher Vielfalt.
Ohne Schatten und Licht auch in unserem Leben,
würde es nur einheitlich Sauce ergeben.
Ob mich das so freute wie diese Kontraste?
Ob nicht jed lebendiges Wesen erblasste?
Ob ich könnte das Glück noch schätzen?
Ob die Seele könnt sich daran gar verletzten?
Nacht ist ja auch nur Schatteneffekt.
Wie oft schon hat „Nacht" menschliches Leben erweckt!

Tiere und Pflanzen

Tiere und Pflanzen gibt`s bei uns viel.
Drum könnt es sein, du hast zum Ziel,
einen Besuch hier auf dem Land.
Es ist nicht weit, ich bin gespannt,
ob du es wirst mal wagen,
Hamburg ganz kurz tschüss zu sagen.
Reise doch einfach nach Ellerhoop mal,
da findest du Pflanzen ohne Zahl.
Im Baumpark, „Arboretum" mit Namen,
kannst du kaufen auch richtigen Samen.
Die Schönheit des Parkes ist ohnegleichen,
das kann fast nur unser Dorf noch erreichen.
Wenn du fährst hin oder retour,
gönn dir einen Blick in unsere Flur.
Tiere des Landes wirst du erblicken,
mit etwas Glück siehst du auch Ricken.
Der Weiden, Felder und Baumschulen Pracht,
dir diesen Ausflug zur Freude macht.
Komm mal raus aus der Häuser Spalier,
manch reiche Bewirtung erwartet dich hier.
Ach, Eines noch, das möchte ich raten,
lass dir Zeit ! - für Bier und Braten?
Deshalb, komm besser nicht allein,
denn einer muss ja Fahrer sein.
Genieß der Landluft herbe Süsse
und schick nach Hamburg schöne Grüße.

Der Autor, Dr. Volker Kayser, Jahrgang 1943, war nach dem Medizinstudium
mit Abschluss in Hamburg viele Jahre ärztlich dort tätig.
Die Arbeit umfasste die hausärztliche Versorgung sowie eine schmerztherapeutische,
arbeitsmedizinische und psychotherapeutische Betreuung.
Der Wohnort ist seit mehreren Jahrzehnten das Dorf Ellerbek am Stadtrand von Hamburg.
Es hat trotz der Großstadtnähe seinen dörflichen Charakter mit bäuerlichen Betrieben
und Baumschulen in vielen Aspekten behalten und vermittelt
- auch infolge langer geschichtlicher Tradition - ein wohltuendes Heimatgefühl.

Natur, Bewegung, Wahrnehmung und Anregung
zum Dialog der Sinne und der Gedanken für die
innere Balance sind Motive für die Buchgestaltung.